Walter van Laack

Vorträge & Einsichten

Aufruf zum Nachdenken: Corona und neue Kriege – Wie kann die Menschheit überleben?

Autor

Prof. Dr. med. Walter van Laack

Facharzt für Orthopädie & Orthopädische Chirurgie, Physikalische Therapie, Sportmedizin, Chirotherapie und Akupunktur, Spez. Schmerztherapie
Hochschullehrer, Buchautor, Verleger

Umschlag

Gestaltet von meinem Sohn Martin van Laack, M.A.
Master of Science in Architektur (RWTH-Aachen)

van Laack Buchverlag, D-Aachen
www.vanLaack-Buch.de - www.van-Laack.de
www.Nahtoderfahrung.info

Druck & Vertrieb durch Books-on-Demand (BoD)
In de Tarpen 42, D- 22848 Norderstedt
info@bod.de - www.bod.de

ISBN 978-3-936624-56-4

Aufruf zum Nachdenken: Corona und neue Kriege – Wie kann die Menschheit überleben?

Das erste Wort meines Buchtitels lässt mehrere Deutungen zu – das Wort "Kriege" ist dagegen eindeutig. Daher vorab ein paar nähere Ausführungen zu "Corona":
Bin ich nun der gerade auch in unserem Land sehr verbreiteten Corona-Panik erlegen und träume schon ständig von griechischen Buchstaben, die für diverse Corona-Varianten erwählt wurden?
Haben wir es also hier mit einer Viruserkrankung zu tun, die in der Lage zu sein scheint, noch viel schlimmer als vor Jahrhunderten Pocken oder Pest, große Teile der Menschheit auszurotten oder vielleicht sogar ganz? Ist Sars-CoV-2 ein Killervirus?
Um es vorweg zu nehmen, nein. Genau diese Deutung wäre falsch. Und wer mich kennt und weiß, dass ich mittlerweile über 40 Jahre als Arzt und bald 40 Jahre als Facharzt immer auch praktisch tätig war und heute selbst noch nebenbei als Rentner bin, der wird wohl kaum annehmen, auch ich würde dieser Corona-Panik erliegen.
Nein, etwas anderes scheint die Menschheit massiv zu bedrohen, gleich ob mit Corona oder Kriegen: Es ist allein der Mensch selbst!

Vorab ein kurzes "Corona-Porträt"

In den letzten Jahrzehnten wären klassische Waffen nötig gewesen, die ganze Menschheit ernsthaft zu bedrohen. In unseren Breiten hatten wir schon gehofft, so etwas vergessen zu dürfen – doch leider vergeblich, wie der unerwartete Krieg in der Ukraine zeigt. Inzwischen geht es aber durchaus auch mit bloßer Psychologie:
Panikmache war schon früher – etwa in der grauenvollen Zeit des "Dritten Reiches" – schon ausreichend, um das deutsche Volk in gewünschter Hinsicht zu manipulieren und zu manövrieren. Heute

hilft ein Virus, der/das vielleicht sogar durch sogenannte "gain-of-function"-Forschung entstanden oder zumindest verändert worden ist. So könnten also Genmanipulationen im Labor zu Veränderungen von Funktionen geführt haben.
Vielen scheint es inzwischen sogar als recht wahrscheinlich, dass Menschen selbst die Krankheit Covid-19 aus ehemals harmlosen Schnupfenviren in der dann später heimtückischen Form erschaffen haben.[1] Und das scheint keine Verschwörungstheorie zu sein.
Gleichwohl und bei aller Tragik, die damit seit dem Frühjahr 2020 weltweit verbunden ist, ein "Killer-Virus" ist Sars-CoV-2 in keiner seiner bisher bekannt gewordenen, mit griechischen Buchstaben (z.B. Alpha, Delta oder Omikron) geschmückten Varianten.
Die Weltgesundheitsorganisation WHO spricht aufgrund einer längst breiten und wissenschaftlich überprüften und bestätigten Studienlage, erhoben durch einen der weltweit zurzeit wohl renommiertesten Epidemiologen, Prof. Dr. John PA Ioannidis, von einer mittleren Sterberate von 0,15%. Nach Angaben des deutschen Robert-Koch-Instituts (RKI) entspricht das damit der Sterberate bei einer mittelschweren saisonalen Virus-Grippe.
Wie gesagt, natürlich ist Covid-19 keine Grippe; Erkrankungs- und Sterberaten sind aber wohl recht gut vergleichbar.
Und dennoch herrscht seitdem in einigen Ländern, so vor allem in Deutschland und Österreich, immer wieder Ausnahmezustand.
Wohl nicht umsonst spricht man in angel-sächsischen Ländern von der typischen "German Angst". Vielfach wurden alle Maßnahmen damit begründet, dass die, dann von der Politik allerdings selbst während dieser Zeit sogar noch massiv weiter verknappten Krankenhaus- und Pflegepersonal-Ressourcen, nun plötzlich extrem

[1] U.a. Prof. Dr. Roland Wiesendanger, Hamburg, Physiker, Nanowissenschaftler, siehe Welt-Nachrichten, 09.02.2022: https://www.youtube.com/watch?v=O9GaFuyoYoE
In einer Pressemitteilung heißt es dazu wörtlich: „Eine Forschungsgruppe am virologischen Institut der Stadt Wuhan hat über viele Jahre hinweg gentechnische Manipulationen an Coronaviren vorgenommen mit dem Ziel, diese für Menschen ansteckender, gefährlicher und tödlicher zu machen. Dies ist in der wissenschaftlichen Fachliteratur durch zahlreiche Publikationen belegt."

überlastet werden könnten. Das mag in Einzelfällen tatsächlich so gewesen sein, doch dann nur mal lokal. Flächendeckend war es so jedoch nachweislich zu keiner Zeit. Längst scheint es also gesichert, dass auch Deutschlands Intensivstationen (ITS) wegen Corona niemals an ihre Grenzen gekommen sind.
Wiederholte Lockdowns, die vielfach das gesellschaftliche Leben still legten und ganze Wirtschaftszweige existenziell bedrohten und wohl noch lange bedrohen werden, waren nicht selten sogar bloß das Ergebnis falscher Zahlen und Zählweisen.
Noch heute agiert man auf Basis von 7-Tages-Inzidenzzahlen, die eine rein politische Erfindung waren. Das wird gerade aktuell sehr deutlich, wenn man sieht, dass noch vor der Bundestagswahl 2021 heftig darüber diskutiert wurde, ob 7-Tages-Inzidenzen von 100, 50 oder gar 30 erreicht werden müssten, bevor man den Bürgern überhaupt die ihnen oft einfach per Dekret von oben entzogenen Grundrechte (!) zurückgeben könnte. Dagegen begann man im Februar 2022 auch in Deutschland und Österreich, allmählich "Lockerungen" einzuleiten, zumal andere Länder längst vorgegriffen haben. Da jedoch lagen die 7-Tages-Inzidenzen oft sogar weit über 1.000. Ihre Bedeutung ist eben gering, weil sie mit evidenzbasierter Medizin wenig bis nichts zu tun haben. Überhaupt zählt man immer nur positive Testergebnisse durch Nachweis von Virusbruchstücken und nicht, wie stets öffentlich bekundet, wirkliche Krankheitsfälle. Und was man zu den Tests, ganz gleich ob Antigen- oder PCR-Tests, alles noch so kritisch erwähnen müsste, würde ganze Bücher füllen, ist aber hier nicht Gegenstand.

Welche Schlüsse drängen sich zunächst bei Corona auf?

1) Manches deutet darauf hin, dass am Ende wenige Menschen von der Krise profitieren werden, sich jedoch das Gros der Menschen ab einem bestimmten Zeitpunkt kaum noch gegen die eher zu ihrem Schaden aufgezwungenen Maßnahmen wehren kann.

2) Manches deutet darauf hin, dass sich dieser insgesamt wohl sehr gefährlichen Entwicklung leider nur sehr wenige, ja viel zu wenige wirksam entgegenstellen, oft auch, weil sie die Gefahren, die nicht durch das Virus kommen, nicht erkennen, auch weil sie solche überhaupt nicht für möglich halten.

3) Manches deutet darauf hin, dass viele Menschen zu schlechten Handlungen gegen andere auch deshalb bereit sind, weil sie der vom Zeitgeist geprägten, rein naturalistischen Ansicht sind, ihr Tod sei sowieso ihr Ende und "nach ihnen die Sintflut":
Also müsse man auf diesem Planeten JETZT vor allem FÜR SICH und seine Allernächsten möglichst das Beste herausholen – selbstverständlich unter dem Vorwand, Gutes tun zu wollen.
Ein Humanismus auf Basis des "Kategorischen Imperativs" nach Immanuel Kant hilft da leider kaum weiter. Es ist halt wie bei vielen in der Schule: Ohne ein gewisses Maß an Druck wird kaum gelernt, schon gar nicht zeitnah. Klausuren sind deshalb sinnvoll. Aber woher soll der Druck hier nun kommen?

4) Durch ihren irgendwann unvermeidlichen Tod suchen, wie ich glaube, einige auf dieser Erde nach einer Art Lösung, womit er sich vielleicht "quasi" doch umgehen ließe.
Für sie ist ihre komplette Persönlichkeit ohnehin nur ein Produkt des Gehirns und damit auch dort in irgendeiner Form substanziell verankert. Stirbt das Gehirn, sei man definitiv und endgültig tot.
Für alle Inhalte des Gehirns müsste es folglich vielleicht alternative Möglichkeiten von Speicherung und Nutzung geben können.
An solchen Möglichkeiten arbeitet man heute längst und glaubt, zumindest bald soweit zu sein, sich durch adäquate, technische Verbindungen von Mensch und Maschine, also mittels "künstlicher Intelligenz", auf ein ganz neues und idealerweise sogar dauerhaftes "SEIN-Niveau" katapultieren zu können:
Das folgt der Idee des "Transhumanismus" und basiert vor allem auf Anregungen des Gründers des Welt-Wirtschafts-Forums WWF (engl.

World-Economic-Forum, WEF), dem heute in der Schweiz lebenden Milliardär Klaus M. Schwab.[2]
In diesem Zusammenhang sei auf sein Buch "Covid-19: The Great Reset" hingewiesen, das Anfang 2020 in englisch erschien und im Juli 2020 auch in deutsch als "Covid-19: Der große Umbruch".
Liest man Schwabs Ausführungen genau, und das habe ich getan, so soll die Corona-Krise als einmalige Chance für einen kompletten gesellschaftlichen Umbruch betrachtet werden.
Ein spezieller Satz aus seinem Buch ist längst in aller Munde, heißt es dort: Im Jahr 2030 werde man nichts mehr besitzen und doch werden alle glücklich sein...
Der Normalbürger wird infolge schnell wachsender Digitalisierung immer gläserner und damit jedoch auch "von oben" immer und überall auf Schritt und Tritt kontrollierbar sein. Dazu soll noch eine Art "Verschmelzung von Mensch und Maschine" beitragen, etwa durch implantierbare oder injizierbare, ja sogar auf die Haut "stempelbare", kleinste Chips. Kürzlich verfolgte ich noch das Gespräch mit einem Gast in der TV-Talkshow "SWR-Nachtcafe", der sich bereits zahlreiche Chips hatte freudig implantieren lassen.
Nach Mikro- kommt nun Nanotechnik[3] zum Einsatz.
Der biologische Mensch wird somit dauerhaft – und am Ende auch irreversibel – mit seiner Computeraußenwelt verbunden.
Selbstverständlich gäbe es damit auch Vorteile. So könnte älteren oder hilflosen Mitbürgern im Notfall schneller geholfen werden. Viele fänden es schön, nicht alle möglichen Dokumente mit sich führen zu müssen, sie wären zum Beispiel an Flughäfen oder überhaupt an Grenzen unmittelbar zu registrieren. Dasselbe gelte dann zum Beispiel auch für Impfdokumente...
Nur, wie sieht es aus, wenn damit auch Zwänge verbunden wären, durch deren Einhalten etwa das Reisen überhaupt erst ermöglicht würde und deren Umsetzung überall kontrollierbar wäre, gleich ob sinnvoll oder bloß Folge einer neuen staatlichen Sklaverei?

---

[2] Klaus Schwab, geb. 1938 in Ravensburg, Deutsch-Schweizer Wirtschaftswissenschaftler
[3] Ein Mikrometer ist ein Millionstel Meter, ein Nanometer ein Milliardstel Meter

Wo Licht, da eben auch Schatten.
In diesem Zusammenhang zeigt man natürlich immer nur auf die zweifellos auch positiv denkbaren Seiten. Doch bin ich längst sicher, dass die negativen Seiten zumindest langfristig überwiegen werden, wenn sie nicht rechtzeitig erkannt, parallel dazu sofort ausgemerzt oder zumindest wirksam kontrolliert werden. Nur, will das einer aus "Regierungskreisen"?

Meine Antwort auf alle menschlichen Allmachtsphantasien, gleich ob im Zuge von Corona oder durch neue Kriege geschürt:

Für mich steht fest: Die Menschheit als Ganzes ist in größter Gefahr. Sie kann sogar vielleicht nur dann überleben, wenn sie einen längst fälligen Paradigmenwechsel als zwingend notwendig begreift; denn unser aktuelles Weltbild ist einfach nicht länger haltbar, auch wenn viele Wissenschaftler, beklatscht von meist nur abkupfernden, aber unwissenden Medien, weiter daran festhalten.

Um viele Wissenschafts-Experten steht es hierbei offenbar genauso dürftig und schlecht wie bei solchen, die in der Corona-Krise oder, ganz aktuell, infolge neuer kriegerischer Auseinandersetzungen in der Welt, zumeist ins Rampenlicht gerückt werden.
Wichtigste Voraussetzung für eine sehr breite, möglichst weltweite Akzeptanz eines solchen Paradigmenwechsels ist natürlich:
Er muss auf gesicherten Fundamenten beruhen.

Ein solches Fundament kann nur die wissenschaftlich abgesicherte und eben nicht allein durch zahllose Erfahrungen und Erzählungen vorgebrachte Erkenntnis durchaus sehr vieler Menschen sein:
Unser Tod ist nicht unser Ende und unsere Persönlichkeit lebt fort!

Nur ein solcher "geistiger Paradigmenwechsel" kann überhaupt zum Erfolg führen; denn er führt zu etwas entscheidend anderem: dem

einzigartigen Stellenwert von "Eigenverantwortung". Natürlich geht es hier um einen rein "geistigen Paradigmenwechsel":
Das jedoch bedeutet: Das Denken muss endlich *weg von Materie* als Grundlage von allem in dieser Welt und *hin zu Information* als dem eigentlichen Hintergrund und die wirkliche Basis für alles.
Diesen Paradigmenwechsel betreibe ich seit den 1990er Jahren konsequent und habe längst zahlreiche Bücher veröffentlicht.[4]

Der von mir sehr geschätzte deutsche Physiker *Prof. Hans-Peter Dürr (1929-2014)*[5] hatte schon wiederholt die *"Notwendigkeit eines Paradigmenwechsels"* gefordert. Um das zu verdeutlichen, so Dürr in einem seiner schönen Vorträge, solle man sich die Welt als eine Torte vorstellen, die aus verschiedenen Schichten besteht.
Dürr führt nun aus: *"Diese Torte, das ist die Welt. Und jetzt müssen wir beschreiben, was ist die Welt? Jetzt kommt es darauf an, ob ich ein Bäcker bin oder jemand, der die Torte isst. Ein Bäcker sagt, das ist ganz einfach, eine Schichtentorte besteht aus mehreren Schichten verschiedener Materialien, wie eine Schicht aus Teig und eine weitere mit Nüssen und dann eine Schicht mit Früchten und so fort und ist daraus aufgebaut. Aber derjenige, der die Torte isst, der sagt, dass stimmt doch überhaupt nicht; denn der hat einen Sektor herausgeschnitten und sagt, ein Stück ist etwas, das schon eine Struktur hat. Und jetzt streiten die beiden sich. Wer hat Recht? Das sind die Streitigkeiten, die wir (in der Wissenschaft) dauernd führen. Wenn die einfach warten würden, bis sie das Ganze zusammengesetzt haben, würden sie zur selben Torte wieder zurückkehren. Es kommt darauf an, welches Interesse dahinter ist, was man als primär, also als die Grundlage betrachtet und was als abgeleitet. So, das sind also zwei verschiedene Paradigmen, beide erfolgreich, wenn man sie zu Ende führt. Aber es ist eine bestimmte*

---

[4] Siehe dazu am Ende meine aktuelle Bücherliste am Ende dieses Tagungsbandes

[5] Prof. Dürr und ich waren noch für Februar 2014 zu einem gemeinsamen Workshop in Kleve zu diesem Themenkreis eingeladen. Leider erkrankte er kurz vorher, sagte mir dann telefonisch ab und starb schließlich am 18. Mai 2014, so dass es zu meinem größten Bedauern auch nicht mehr zu diesem Workshop gekommen ist

Schwierigkeit da: Ist es wirklich wahr, wenn man alles zusammensetzt, dass man zur selben Torte kommt? Nicht ganz wahr! Wenn ich den Teig nehme, dann klebt der aneinander, aber das Tortenstück fällt immer wieder auseinander. Da muss ich also noch ein bisschen Uhu dazwischen tun, damit die beiden Ergebnisse gleich werden. Tja, aber wenn ich nun frage, ist die neue Physik nur einfach eine dritte Art, diese Torte durchzuschneiden, ist die Antwort: Nein.

Es kommt mehr oder weniger heraus,
es gibt die Torte überhaupt nicht!"

Salopp formuliert sagt Dürr nichts anderes, als dass Materie, wie wir sie zu kennen und zu fühlen glauben, pure Illusion sei.
Zum besseren Verständnis des gesamten wissenschaftlichen Wegs zu dieser entscheidenden Erkenntnis verweise ich an dieser Stelle erneut auch auf meine zahlreichen Bücher seit Ende der 1990er Jahre. Hier möchte ich jetzt nur kurz auf die Frage eingehen:

Was scheint tatsächlich wann und wie zu erwarten sein?

Die nachfolgende Abbildung gibt zunächst einmal eine recht gute Übersicht, auf die anschließend näher eingegangen wird.

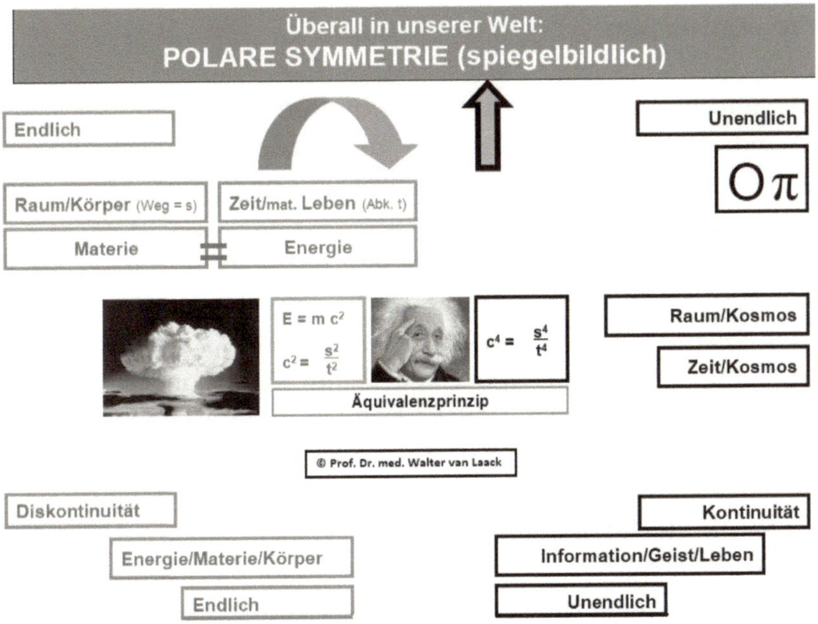

Polare Symmetrie Überall, weitere Erläuterungen im Text

Grafik und Text entlehne ich – etwas angepasst – meinem letzten Buch "GRÖßER ALS DAS GANZE UNIVERSUM", erschienen 2021: Ganz offensichtlich existieren völlig real *zwei polar-symmetrische*, also spiegelbildliche und zugleich gegensätzliche Existenzebenen in dieser Welt. Es sind zwei Seiten derselben Medaille.
Schon vor 2500 Jahren wurden sie von Laotse in der chinesischen Philosophie beschrieben. Längst sind sie auch in unseren Gefilden als Yin und Yang geläufig. Beide Seiten sind aber nicht getrennt voneinander zu sehen, vielmehr beeinflussen sie sich gegenseitig.
Im hier durch elementare mathematische Logik belegbaren und übertragenen Sinn, entsprechen sie der in der Abbildung rechts

aufgezeigten "informationellen", links dagegen der "materiellen" Seite unserer Welt. Die rechte, "informationelle" Seite steht der Entwicklung der linken, "materiellen" Seite letztlich jedoch voran. Im einfachsten und zugleich frühesten Zusammenhang liefert sie die "informationellen Rahmenbedingungen" für alles und jedes im ganzen Universum.

Beide Seiten machen eine eigene Evolution durch, jede für sich und doch miteinander verbunden und voneinander abhängig, so wie es eben Yin und Yang leicht verständlich und ungemein schön, wie ich finde, zeigen.
Im Laufe dann gigantischer Zeiträume dieser Evolutionen der Welt entwickelt sich die stärkere und erste, die "informationelle" Seite, immer ausgeprägter, dominanter und schneller. Damit divergiert sie mehr und mehr von der materiellen Evolution. Der dagegen schwächere und auf das Informationelle stets aufbauende zweite, materielle, d.h. physikalische, Teil des Ganzen tritt dagegen ganz allmählich mehr und mehr in den Hintergrund. Er bleibt nach wie vor wichtig, aber dominiert nicht.
Ohnehin scheint alles Physikalische, alles Materielle egal "in welcher Konsistenz", letztlich bloß Mittel zum Zweck zu sein:
Langfristig dient es immer wieder vor allem der "Evolution des Informationellen" oder anders, der "Evolution von allem Geistigen".
In unserer "aktuellen Welt" oder, wie ich es gerne nenne, im "Hier und Jetzt", ist der "materielle Teil" der Welt noch sehr dominant.
Informationelle Anteile zeigen sich nur, wenn man sich ihnen mit dem eigenen Geist – oder der *Vernunft nach Kant* – aktiv nähert.
Dann erkennt man schnell auch die tatsächliche *Realexistenz von Unendlichkeit*. Unendlichkeit gibt es in der Physik aber nicht (s.u.).
Folglich kann es auch kein unendliches Universum geben.
Doch schon *Albert Einstein*[6] behauptete, dass der universelle Raum unendlich sei, und die meisten Physiker unserer Zeit gehen mittlerweile auch davon aus.

---

[6] Albert Einstein (1879-1955), berühmter deutscher Physiker und Nobelpreisträger

Für jeden von uns ist es selbstverständlich, dass wir *kontinuierlich* leben und die Zeit *für uns kontinuierlich* vergeht. Kontinuität ist aber *keine* Erscheinung der physikalischen oder materiellen Welt; diese ist die Welt des *Diskontinuierlichen, da ausschließlich gequantelt*, so wie es Anfang des 20. Jahrhunderts Max Planck bewies.[7]

Die Physik kennt durch Albert Einstein das *Äquivalentsprinzip*: Materie besteht aus Energie. Sie sind zwei Seiten derselben Medaille und somit "äquivalent". Das heißt, sie lassen sich ineinander überführen – theoretisch in beide Richtungen.
Die Atombombe hat leider bewiesen, dass aus sehr wenig Materie ungeheuer viel Energie entsteht. Von Albert Einsteins berühmter Gleichung $E=mc^2$ hat heute fast jeder schon einmal gehört. Doch hier ist mit der *Masse "m"* die Ruhemasse gemeint, etwa von Atomteilchen.

Nur gibt es sie in der Praxis? Nein, sie gibt es nicht.
In der Praxis ist im Universum alles immer dynamisch, so auch alle Teilchen und damit die Atome in ihm. Für dynamische Prozesse muss deshalb auch die Einstein-Gleichung "dynamisiert" werden. Das heißt in der Mathematik: Man muss sie quadrieren.
So entsteht eine neue Gleichung, die sich in der vorigen Grafik rechts von der allseits bekannten findet. Kleinste "Teilchen" wie die Quanten elektromagnetischer Strahlung, also zum Beispiel von Licht, die Photonen, sind aber selbst ganz ohne Masse (masselos). Damit werden sie zu *Schnittstellen* zwischen den beiden von mir hier präsentierten realen Welten "Materie" und "Information".

Aus dem Äquivalenzprinzip hat man natürlich in der Theorie erwartet, dass mithilfe völlig masseloser "Teilchen" auch Materie

---

[7] Max Planck (1858-1947), deutscher Physiker und Nobelpreisträger.
Die Erkenntnis, dass allem in der Physik „Teilchen (Quanten)" zugrunde liegen, führte zu einem Dilemma: Denn viele Erklärungen von tatsächlichen Beobachtungen in der Welt, die nun mal kontinuierlich sind, machten die Erfindung eines Teilchen-Welle-Dualismus notwendig. Nur so konnte Kontinuität (wieder) in die Physik gelangen.

"erschaffen" werden sollte. Doch in der Praxis hatte sich das nie bestätigt – bis 2021: Erst dann konnte in Kalifornien praktisch, d.h. experimentell, die Umkehrung dieses Äquivalenzprinzips nachgewiesen werden. Aus masselosen Teilchen, also im Grunde real existierenden "Informationen", konnte man durch gegenseitigen Beschuss "echte Materie" erschaffen. Wie heißt es doch in im Evangelium des Johannes (1.1): "Am Anfang war das Wort". Im Griechischen steht anstatt Wort "logos". Und "logos" ist auch einfach "Information" – aber auch "Vernunft". Damit steht "logos" für einen schon fortgeschritten entwickelten Teil von Geist.

In der rechten Gleichung, die für das dynamische Universum steht, findet sich die *Lichtgeschwindigkeit "c"* jetzt in vierter Potenz.
Natürlich ist "c" physikalisch eine Konstante. Das ist hier aber nicht der springende Punkt. Vielmehr geht es nur um die "physikalischen Bestandteile" von Geschwindigkeit: Physikalisch ist sie definiert als *"Weg dividiert durch Zeit"*. Der Weg ist eine Raumkoordinate. Beides, "Raum" und "Zeit", stehen folglich nun in vierter Potenz. Das weist uns klar darauf hin, dass unsere heutige Vorstellung von der Vierdimensionalität als "vierdimensionale Raumzeit" falsch sein muss. Einsteins Gleichung ist zwar korrekt, einige darauf basierende Interpretationen sind aber wohl offensichtlich falsch.

Bereits *Peter Plichta*[8] hatte in den 1990er Jahren einen *real existierenden, vierdimensionalen Raum* vorgeschlagen und sah ihn als zwei ineinander greifende, unendliche Flächen. Ich hatte seinen Vorschlag schon in meinen ersten beiden Büchern aus dem Jahr 1999 dankbar aufgegriffen. Schon damals hatte ich *als Erster* überhaupt auch ein logisches Gedankenmodell entwickelt, das ein alternatives Weltbild ermöglichte. Insbesondere mithilfe mehrerer neuer mathematischer Ansätze konnten so, erstmals und in sich schlüssig, alle bekannten wissenschaftlichen Beobachtungen neu und vollständig erklärt werden, sowohl solche physikalischer, als

[8] Peter Plichta (Jahrgang 1939) ist ein deutscher Chemiker und Naturforscher

auch solche nicht-physikalischer Natur. Seither habe ich diese Vorstellungen wiederholt in zahlreichen Büchern dargestellt, aus verschiedenen Perspektiven erläutert, dabei stets auch erweitert und weiter vertieft.

Elementare mathematische Grundlagen bieten in sich schlüssige Analogien für die Entstehung von allem in unserer Welt und sind wohl richtungweisend für sämtliche weitere Entwicklungen. Geht man wie ich meine, berechtigterweise, davon aus, dass derartige elementar-mathematische Grundlagen selbst real existieren und die Rahmenbedingungen für das ganze Universum liefern, weil sie Teil der realen Informationswelt sind, dann liege ich wohl richtig.

Die Vorstellung eines *realen 4D-Raums* entspräche deshalb genau dem, was man tatsächlich sieht, egal wohin und wie weit man auch ins Weltall schaut: Überall ist der kosmische Raum flach und eben oder, wie man sagt, euklidisch[9], also wohl nicht gekrümmt.
Dass dennoch kleinste, aber masselose Teilchen wie Photonen des Lichts mithilfe starker Anziehungskräfte großer Objekte wie die Sonne auf ihren Bahnen "gebogen" werden können, liegt nicht an einem vermeintlich gekrümmten Raum. Vielmehr beruht es einfach auf der Tatsache, dass *Gravitation*[10] *und Licht zwei zueinander polar-symmetrische Wirkungen* sind.
Das Phänomen stimmt wieder einmal, seine Interpretation scheint aber wohl auch hier falsch zu sein.
An dieser Stelle muss ich natürlich erneut auf ausführlichere Darstellungen in meinen anderen Büchern verweisen.

---

[9] nach Euklid von Alexandria, griech. Mathematiker, vermutlich 3. Jhd. v.Chr.
[10] Gravitation = Schwerkraft oder Anziehungskraft eines jeden massehaltigen Objektes

Was folgt daraus unmittelbar für uns Menschen?

Die voherige Abbildung zeigt unmissverständlich, dass eine Seite "des Ganzen" stets *zyklisch* verläuft, die andere Seite aber *linear*.

Zyklische Verläufe sind typisch für alles Materielle dieser Welt, also für alles und jedes in der "Physikalischen Welt". Das sehen wir jeden Tag, egal ob es "nicht-lebende oder lebende *materielle* Erscheinungen" betrifft. Die gesamte materielle Welt strebt damit zu immer mehr und größerer Unordnung. Der Physiker sagt, ihre "Entropie", das Maß ihrer Unordnung, wächst unaufhaltsam.

Doch demgegenüber gibt es – offenbar genauso real existierend und für die Physiker ein Dilemma – eine völlig andere Seite:
Es ist die Seite des "Informationellen".
Sie vollzieht unter gegenseitigem Austausch und mit materieller Hilfe eine zunächst für lange Zeit noch recht parallele Evolution.
Erst ganz allmählich koppelt sie sich davon ab und beschleunigt dann ihre eigenständige Evolution in zunehmendem Maße.
Diese eigenständige Evolution des – abstrakt und allgemein formuliert – "Informationellen" oder – griffiger und philosophischer formuliert – die alles "Geistigen", verläuft aber *nicht zyklisch, sondern linear* und führt zu immer größerer und höherer Ordnung.

Während dieser Evolution bilden sich alle *kontinuierlichen* Dinge und Eigenschaften: So entsteht irgendwann "Leben", später dann "Geist", der im weiteren Verlauf immer komplexer wird und zum Beispiel auch zu Bewusstsein und Selbst-Bewusstsein führt.

Ich spreche – ganz bewusst abstrakt – von "Informationsclustern": Leben selbst ist also bereits etwas Geistiges und kein Produkt von Materie, die irgendwann "von selbst läuft", wie uns manche Evolutionstheoretiker so gerne weismachen wollen und worauf große Medien ständig abfahren. Leben ist die Kraft des Geistigen, so wie das, was wir Energie nennen, die Kraft der Materie ist, zugleich aber auch der ihr zugrunde liegende Bestandteil. Für “Leben“ gilt dasselbe.

Allein auf dieser Seite der Welt, wenngleich mit materieller Hilfe und eingebettet in materielle Körper einer materiellen Umgebung, entstehen allmählich “Intelligenz“, “Bewusstsein“ und viel später “Selbstbewusstsein“. Sie alle sind neue “komplexe Cluster“ oder “Komponenten“ einer linear stets nach Höherem strebenden und folglich “nach Oben“ schielenden und ablaufenden Evolution, der Evolution alles Informationellen oder Geistigen.

Betrachten wir jetzt mal nur das Leben jedes einzelnen Menschen:
Aus materieller Perspektive wird er irgendwann gezeugt, wächst dann als Embryo heran und wird nach neun Monaten geboren.
Bis dahin hat er schon einen Großteil seines gesamten materiellen Weges zurückgelegt: Er ist voll ausgebildet mit allem, was man als Mensch so braucht. Vieles entfaltet sich danach zwar weiter, es kommt aber nicht viel Entscheidendes mehr hinzu. Es folgen die Zeiträume vom Baby über das Kleinkind bis zur Kindheit und dann über die Pubertät bis hin zur “Vollendung als Erwachsener“.

So ab dem 25. bis spätestens 30. Lebensjahr kehrt sich jedoch alles – jetzt oft deutlich erkennbar – wieder um. Erst ganz langsam, dann immer schneller verläuft der sichtbare Abbau des “Körperlichen“.
Der Lack eines jeden Menschen blättert zusehends ab.
Der stets zyklische Verlauf alles Materiellen oder Physikalischen – der natürlich trotz allen Wachstums schon von Anfang auch mit Abbauprozessen parallel lief, jedoch diese überwog – wird recht bald sogar gnadenlos auffällig werden. Der Mensch strebt seinem “Ende“ zu. Dieses aus physikalischer Sicht notwendige Ende des “hiesigen Lebens“ nennen wir dann “Tod“.

Doch stirbt damit tatsächlich der Mensch, stirbt so das Eigentliche, seine Persönlichkeit? Wohl ganz sicher nicht!

Zu unserer aller körperlichen Entwicklung gibt es – und genauso konsequent ablaufend – ein Gegenstück:
Alle *Information* in uns nimmt stetig zu.

Alles *"Informationelle"* hat dabei jedoch einen geraden, also *linearen* und immer weiter aufstrebenden Verlauf.
Während also unsere Köper notwendigerweise auf den "Tod" zustreben, wächst die Information an uns und in uns stetig heran.
Am Tag seines Todes erreicht so jeder Mensch seinen maximalen Informationsgehalt.
Bei allen Menschen, bei denen der Körper nicht einen Strich durch die Rechnung geistiger Kommunikation macht, indem sie eine Krankheit des Gehirns, also ein materielles Leiden bekommen wie etwa eine Demenz, ist das auch bis zum Tag des Todes für jeden Mitmenschen durchaus klar erkennbar.

Der "Informationscluster Mensch", sein eigentliches Ich, die ganze Persönlichkeit, steht zum Zeitpunkt seines Todes im Zenit seiner (bisherigen) Existenz.
Das führt dann zwingend zu der Frage, ob und wie kann ggf. das, was bis zum körperlichen Tod des Menschen immer weiter wächst und sich vermehrt, selbst dann noch weiter existieren, wenn der Körper – und so auch das Gehirn – nach diesem Tod zerfällt?
Was also passiert dann mit seinem "informationellen Kern", seiner eigentlichen "Persönlichkeit" oder mit seiner stetig "heranreifenden Seele"? Viele sagen jetzt, es stirbt natürlich alles.
Das scheint mir ignorant und ohne Sinn und Verstand zu sein.

Wieder muss man unterscheiden zwischen der materiellen und der informationellen Seite dieser Welt. Dazu kann meine Grafik erneut beitragen; denn alles ist zur jeweils anderen Seite immer wieder polar-symmetrisch, in allen Bereichen und auf allen Ebenen.

Die "Kraft" des Materiellen ist das, was wir Energie nennen.
Alles Materielle besteht aus – und zerfällt wieder in – Teilchen.

Teilchen sind diskontinuierlich, eine Verbindung zwischen ihnen gibt es auf physikalischer Ebene nicht. Da es sie aber zu geben scheint, muss sie informationeller Natur sein. Materielle Teilchen sind wie einzelne Sandkörner in einem großen Sandhaufen.
Kontinuität ist dagegen die Eigenschaft der anderen, der geistigen Seite unserer Welt, nicht jedoch die der physikalischen.

In der materiellen Welt baut sich alles aus solchen Bausteinen auf und zerfällt irgendwann wieder in diese. Damit kann anschließend wieder Neues entstehen. Materie ist der Baukasten der Welt.
Doch mit Hilfe dieser Bausteine werden auch "Informationen" neu zusammengesetzt; denn sie sind für sich selbst Teil eines jeden Bausteins. Sind Informationen aber erst einmal zusammengesetzt, lassen diese sich nicht mehr voneinander trennen, so wenig wie einzelne Tropfen im Ozean. Zwei zusammengefügte Informationen sind ein kleinster "Informationscluster".

Kontinuität bildet sich durch Kopplung von Information.
Informations-Cluster wachsen immer weiter heran und werden dabei unaufhörlich ergänzt. Dennoch verhalten sie sich unter Umständen plötzlich anders, wenn sie neue Komplexitäten hinzu erworben haben. Es entstehen ganz neue und höhere Fähigkeiten und Systemeigenschaften. Sie ersteigen so eine neue Stufe ihrer Existenz. In der Biochemie wurde das schon vor geraumer Zeit als "dissipative Strukturen" bekannt und 1977 mit einem Nobelpreis bedacht.[11]
Übertragen auf die gigantische Evolution des Informationellen entstehen so irgendwann "Leben" und "Geist", "Bewusstsein" und "Selbstbewusstsein". Niemals wird davon etwas in irgendwelche "(Informations-) Teilchen" zerfallen; denn solche gibt es gar nicht.
Informationscluster bleiben auf ewig als solche erhalten.
Sie können sich neu ordnen und sich mit anderen zu noch umfangreicheren Komplexen zusammentun.

[11] Ilya Prigogine (1917-2003), russisch-belgischer Physikochemiker und Philosoph

So können womöglich auch wieder neue und höhere Ebenen mit uns noch unbekannten Fähig- und Fertigkeiten oder Eigenschaften entstehen.

Zurück zu unserem Leben "im Hier und Jetzt".
Zum Zeitpunkt unseres Todes stehen wir aus informationeller Sicht im Zenit.
Der aus materieller Sicht erforderliche Tod tangiert unsere bis dahin gewachsene Persönlichkeit folglich nicht. Sie entspricht jetzt einem fortgeschritten entwickelten Informationscluster. Er bleibt auch über diesen Tod hinaus ohne Zäsur und Abstriche erhalten.
Menschen mit Nahtoderfahrungen nehmen sich häufig als völlig integre Personen wahr, obwohl sie dabei auf ihre leblosen, ja offenbar "toten Körper" schauen. Das verwirrt sie ungemein.
Doch die eigentliche Persönlichkeit "schafft sich" durch die ihr innewohnenden Informationen des bisherigen Körpers eine Art "neuen Körper". In der Esoterik spricht man dann von einem "feinstofflichen Körper". Ich finde diesen Begriff ausgesprochen gut.

Wenn also Informationen, all das "Informationelle" in dieser Welt, genau so *"real existent"* ist wie alle unsere menschlichen Körper, alle Planeten oder Sonnen im ganzen Universum, eben wie jede "Materie", dann findet sich alles Materielle nach dem jeweiligen Ende auch irgendwie als Informationscluster wieder.
Wie ich in meinen zahlreichen Büchern wiederholt dargestellt und erläutert habe, muss man wohl sogar noch einen wichtigen Schritt weitergehen: Das "Informationelle" – oder: also alle Informationen schlechthin – scheint tatsächlich die "eigentliche Realität hinter der Realität alles Materiellen" zu sein.

Der Tod kann folglich gar nicht unser Ende sein.
Er ist nur das Ende einer von uns "im Hier und Jetzt" sinnlich so wahrnehmbaren Körperlichkeit.

Unser eigentliches "ICH" – wir sprechen von "unserer gesamten Persönlichkeit" – lebt dagegen weiter und aus Sicht des für uns "Verschiedenen" ohne jede Zäsur.

Welche Konsequenzen erwachsen daraus für jeden von uns?

Zunächst einmal möchte ich gerade auch im Zusammenhang mit dem Titel meines Beitrags klarstellen, dass diese Erkenntnis für jeden Einzelnen auf dieser Erde und vermutlich für noch unzählige, geistig entwickelte Lebensformen im ganzen Universum geradezu dramatische Konsequenzen hat.
Und, wie bereits gesagt, sie gelten NIEMALS für irgendein Kollektiv, sondern immer für jeden Einzelnen und nur für ihn selbst.
KEINER kann sich diesen Konsequenzen, die infolge des Überlebens unseres Todes erwachsen, jemals entziehen – durch nichts!
Das sollte jeden Einzelnen aufrütteln; denn sein Tod ist, egal wie alt er heute im "Hier und Jetzt" ist, nur einen Wimpernschlag entfernt.

Danach, in einer parallelen, aber mit weiteren umfänglichen Möglichkeiten zur persönlichen Entwicklung, dabei jedoch zugleich immer "weniger materiell" ausgerichteten Daseinsebene, ticken die Uhren völlig anders.
Wahre Erkenntnis muss jeder Einzelne daher "im Hier und Jetzt" erlangen. Nach dem Tod wird es ihm zwar wie "Schuppen von den Augen fallen", aber Umkehr und korrigierendes Handeln werden dann zwar weiter möglich, jedoch auch ungleich schwieriger sein, zumal sich bis dahin vielleicht sein "Negativkonto" mangels Einsicht und Umkehr noch weiter verschlechtert hat...

Jeder Einzelne sollte für sich besser zur Kenntnis nehmen:

1) Nach dem sogenannten "Tod" kann jeder Einzelne unbehindert durch straffe physikalische Naturgesetze, wie sie hier gelten, seinen "Freien Willen" nutzen.

2) Jeder EINZELNE trägt FÜR ALLES, was er bisher gemacht hat und in Zukunft jemals tun wird, PERSÖNLICH VERANTWORTUNG.
Seine Eigenverantwortung kann durch NICHTS und niemanden auf andere übertragen oder abgewälzt werden.
Die persönliche Verantwortung eines jeden EINZELNEN hat sich zu orientieren an nur zwei Grundsätzen, den beiden eigentlichen "Goldenen Regeln" der Ethik:

2.1) Du sollst deinen Nächsten lieben wie dich selbst (also sowohl als auch) – nach Jesus (Markus 12, 28b-34).

2.2) Was du nicht willst, das man dir tu, das füg auch keinem anderen zu.
Dies entspricht genau dem, was nach Immanuel Kant[12] als "kategorischer Imperativ" bezeichnet wird. Für Kant war es in den 1780er Jahren das Ergebnis seiner jahrzehntelangen Forschung mit Religionen und den frühen Naturwissenschaften, damals Empirismus genannt.
Nach Kant war es eine individuelle Entscheidung auf Basis einer individuellen Vernunft, die weder mithilfe von Religionen, noch durch Naturwissenschaften jemals zu erklären sein könne.[13]

Da JEDER EINZELNE und kein Kollektiv FÜR SICH verantwortlich ist, kann auch nicht, wie über viele Jahrhunderte zum Beispiel in der katholischen Kirche wohl vor allem aus pekuniären Gründen gelehrt, "Sühne" geleistet werden, in dem man "Buße" tut und so seine Schuld auf andere "ablädt" (z.B. auf den "für den Menschen gestorbenen Jesus"). Buße tun ist richtig, aber es ist nur ein Teil und weitere Konsequenzen bleiben nur für einen selbst zu tragen.

---

[12] Immanuel Kant (1724 1804), deutscher Philosoph der Aufklärung

[13] Leider wurde das bis heute von zahlreichen Gesellschaftspolitikern völlig verkannt. So wurden am Ende ganze Gesellschaften in Katastrophen gezogen

"Kehret um und tut Buße":
Genau das sollte jeder beherzigen, und zwar je früher, desto besser und vor allem, wenn es (noch) "im Hier und Jetzt" erfolgt.
Zahlreiche Erfahrungsberichte, so gerade auch von Menschen mit komplexen Nahtoderfahrungen, legen das immer wieder nahe.
Nicht zuletzt deshalb ändern viele nach einer solchen Erfahrung ihr Leben oft nachhaltig.
In der Literatur findet man Ähnliches. Eine in dieser Hinsicht sehr interessante und in vielerlei Hinsicht aufschlussreiche Abhandlung findet sich auch in dem über 1000seitigen, dreiteiligen Buch des Niederländers Josef Rulof; "Ein Blick ins Jenseits" (1939).[14] Viele Grundsatzannahmen, die ich in meinen Büchern wissenschaftlich hinterlege und belege, scheinen hier durch pure Erfahrungen grundsätzlich bestätigt zu werden.
In manchen Bereichen vermischen sich natürlich in diesem ja auch belletristischen Ansatz diverse Erfahrungen, Erlebnisse und vorab bestehende Ansichten, die durch Herkunft, Religion und Bildung hineingeflossen sind.

JEDER EINZELNE sollte zunächst seine persönliche Schuld erkennen (Einsicht zeigen) und dafür vor sich ehrlich Buße tun (denn alles andere wird auf geistiger Ebene als Heuchelei aufgedeckt werden).
JEDER EINZELNE muss nach ehrlicher Reue – jetzt wird es kritisch und problematisch für alle, die Schuld auf sich geladen haben und nicht schon "im Hier und Jetzt" demütig daran arbeiten, sie wieder "loszuwerden" – JEDEN EINZELNEN, dem man Schaden zugefügt hat, um Vergebung bitten.

"Im Hier und Jetzt" ist die Möglichkeit dazu verständlicherweise noch am größten. Danach wird es immer schwieriger und sicher auch langwieriger werden. Jozef Rulof[14] schreibt in seinem Buch zum Beispiel: *"Es gibt auf Erden Leute, die meinen, dass man die vielen Wesen, die auf diesem Planeten leben, auf brutale Weise*

[14] Jozef Rulof (1898-1952), niederländisches Medium und Autor

vernichten sollte." Dazu schreibt er zuvor bereits auch: *(nach ihrem sogenannten Tod) leben sie Tausende von Jahren in den finsteren Sphären, um für ihre Sünden zu büßen, die sie in einem kurzen irdischen Leben begangen haben. Ist das nicht furchtbar?"*
Dabei ist diese Art von "Hölle" kein Ort, sondern ein persönlicher Zustand. Menschen dort haben eine "schlechtere Ausstrahlung", die sie von Menschen mit "besserer Ausstrahlung" trennt.
Jeder Einzelne kann seine Ausstrahlung nur selbst und für sich selbst verbessern. Als *Analogie* hierfür bietet sich vielleicht das Bild von unterschiedlichen Frequenzen an. Eine "bessere Ausstrahlung" entspräche einer "höheren Frequenz". Wesen mit "schlechterer Ausstrahlung" bleiben so erst einmal "unter sich" und können Sphären "höherer Frequenzen" gar nicht erkennen.

Das genau entspricht der Bibel, wenn es heißt:
"Wenn dich jemand auf die rechte Wange schlägt, dann halte ihm die linke hin" (Mt. 5, 39). Nur wird es rundweg falsch verstanden:
Die meisten Menschen sind schon immer Rechtshänder. Wenn damals jemand einen anderen Menschen zutiefst demütigen wollte, schlug er ihm mit dem rechten Handrücken auf die rechte Wange. Wenn er sich bei ihm später dafür entschuldigen wollte, musste er mit seiner rechten Hohlhand dessen linke Wange leicht tätscheln oder gar zart streicheln.
Das aber setzte voraus, dass ihm der Geschädigte dazu seine linke Wange hinhielt. Auch wenn sich der Geschädigte vielleicht lange dagegen sträuben mag, irgendwann wird er es tun (müssen); denn letztendlich wollen (und müssen) BEIDE geistig wachsen.
Aber immer muss es im Einzelfall geschehen, eben "Auge um Auge und Zahn um Zahn", ein weiterer zumeist missverstandener und in gleichem Atemzug verfasster Vers aus der Bibel.

Einzeln zwingend um Vegebung bitten und Vergebung gewähren: Darin liegen die eigentlichen Wahrheiten dieser Bibelpassagen, die leider wohl noch heute von den meisten völlig verkannt werden.

Das eigentliche Ziel einer über den eigenen, nur körperlichen Tod hinaus weiter lebenden, hochentwickelten geistigen Persönlichkeit ist es, geistig weiter zu wachsen.
Dazu hat jeder Einzelne einen ungeheuer langen Weg vor sich, und der weitaus längste Teil dieses Weges beginnt erst mit seinem sogenannten Tod. Das gilt für jeden, der einmal hier das Licht der Welt erblickt hat.

Jeder wird sich nun vorstellen können, dass seine Chancen, durch Umkehr "im Hier und Jetzt" seine eigene geistige Entwicklung zu verbessern oder gar auf einen neuen und guten Weg zu führen, ungleich besser stehen, als damit erst nach seinem "hiesigen", eben nur körperlichen Ableben zu beginnen.

Diese Perspektive bietet nach meinem Dafürhalten auch sogar den EINZIGEN WEG, die Menschheit auf dieser Erde heute vor ihrem leider sonst eventuell bald möglichen Untergang zu bewahren.
Es geht NUR durch Erkenntnisgewinn und anschließende Umkehr. Jeder Einzelne muss dies erkennen und umsetzen.

Noch nie zuvor war der Mensch in ähnlicher Weise wie heute – und besonders, wie es die letzten zwei Jahre zu zeigen scheinen – in der Lage, sich zumindest weitgehend zu zerstören. Und die Hoffnung auf Besserung scheint zurzeit trügerisch.
Leider scheinen zahlreiche einflussreiche, oft sehr reiche, aber auch viele selbstverliebte und der Erotik von Macht erliegende, weibliche wie männliche Zeitgenossen anderes im Sinn zu haben.
Diese selbsternannten Eliten sind allesamt selbst nur einen kleinen Wimpernschlag von ihrem körperlichen Tod entfernt.
Doch ausnahmslos alle werden denselben Werdegang haben. Dann aber gilt für sie alle auch nach Jesus aus der Bibel:
Die (jetzt vermeintlich) Ersten werden (dann auf lange Sicht) die Letzten sein (Matthäus 20, 16).

Am Ende bleibt vor allem noch darauf hinzuweisen, dass die für jeden Einzelnen zwingend vor sich liegende und über den Tod "im Hier und Jetzt" hinausgehende, geistige Fortentwicklung ewig ist.

Der wichtigste Aspekt, für den jeder Einzelne Eigenverantwortung trägt, da er ja – in geistiger Hinsicht – einen vollkommen freien Willen besitzt, ist, das zu erkennen, was die eigentliche und grundlegende Kraft der Welt ist, die alles überhaupt erst erschafft, alles umfasst und durchdringt: Die "Göttliche Liebe".

Die wichtigste Aufgabe unseres "langen Lebens" ist daher:

LIEBEN LERNEN

Aktuelle Bücher von Prof. Dr. Walter van Laack in deutscher Sprache:

1. Roman

Unser Schlüssel zur Ewigkeit

ISBN 978-3-936624-16-8, Taschenbuch (SC), 316 S. (2015)
ISBN 978-3-936624-27-4, E-Book (2015)

2. Sachbücher

GRÖßER ALS DAS GANZE UNIVERSUM

ISBN 978-3-936624-38-0, (SC) 120 S. (2021)

Mit Logik die Welt begreifen

ISBN 978-3-936624-04-5, Taschenbuch (SC), 380 S., (2005)
ISBN 978-3-936624-07-6, Festeinband (HC), 380 S. (2005)
ISBN 978-3-936624-23-6, E-Book (2013)

Wer stirbt, ist nicht tot!

ISBN 978-3-936624-12-0, (SC), 272 S., (Neuauflage 2011)
ISBN 978-3-936624-13-7, (HC), 272 S., (Neuauflage 2011)
ISBN 978-3-936624-21-2, E-Book (2013)

Eine bessere Geschichte unserer Welt

Band 1, "Das Universum"

ISBN 978-3-8311-0345-4, (SC), 196 S. (2000)

Band 2, "Das Leben"

ISBN 978-3-8311-2114-4, (SC), 248 S., (2001)

Band 3, "Der Tod"

ISBN 978-3-8311-3581-3, (SC), 276 S., (2002)

Der Schlüssel zur Ewigkeit

ISBN 978-3-9805239-4-3, (HC), 288 S.,1. Aufl. (1999)
ISBN 978-3-89811-819-4, (SC) , 288 S., 2. Aufl.. (2000)

Plädoyer für ein Leben nach dem Tod und eine etwas andere Sicht der Welt

ISBN 978-3-89811-818-7; (SC), 448 S., 2. Aufl. (1999/2000)

3. "Vorträge & Einsichten – Lectures & Insights"

Aufruf zum Nachdenken: Corona und neue Kriege –
Wie kann die Menschheit überleben?
& Call for Reflection:
Corona and New Wars: – How can Mankind survive?

("Upside-Down-Buch", Deutsch und Englisch in einem Buch)
ISBN 978-3-36624-56-4, Taschenbuch (SC), D&E, 56 S. (2022)

Weltbilder gestern und heute – Was bleibt und worüber lacht man morgen?
ISBN 978-3-936624-44-1 , Taschenbuch (SC), D, 56 S. (2019)

Sterben und Tod aus wissenschaftlicher Sicht
& Dying and Death from a Scientific Point of View
("Upside-Down-Buch", Deutsch und Englisch in einem Buch)
ISBN 978-3-36624-41-0, Taschenbuch (SC), D&E, 44 S. (2018)
ISBN 978-3-936624-42-7, E-Book (2018)

4. Tagungsbandreihe "Schnittstelle Tod"
Was lernen wir durch Corona über Leben und Tod?
ISBN 978-3-936624-53-3, Taschenbuch (SC), 108 S. (2022)
Aufbruch oder Ende, Kontakte oder Hirngespinste?
ISBN 978-3-936624-51-9, Taschenbuch (SC), 164 S. (2020)
Sind Religionen religiös und Wissenschaften wissend?
ISBN 978-3-936624-36-6, Taschenbuch (SC), 172 S. (2018)
Wo stehen wir nach 40 Jahren NTE-Forschung?
ISBN 978-3-936624-30-4, Taschenbuch (SC), 92 S., (2016)
ISBN 978-3-936624-32-8, E-Book (2016)
Was spricht für unser Weiterleben?
ISBN 978-3-936624-19-9, Taschenbuch (SC), 100 S., (2014)
Warum auf ein Danach vertrauen?
ISBN 978-3-936624-14-4, Taschenbuch (SC), 120 S., (2012)
Aufbruch zu neuem Leben?
ISBN 978-3-936624-10-6, Taschenbuch (SC), 148 S., (2010)

van Laack GmbH, Aachen, Buchverlag
(HRB-Aachen 5584)
Geschäftsführer: Prof. Dr. Walter van Laack

Gesellschafter:
Dr.-Ing. Dipl.-Wirt.-Ing. Alexander van Laack,
Martin van Laack, M.Sc.,
Prof. Dr. med. Walter van Laack

Roermonder Str. 312, 52072 Aachen,
Fax: +49(0)3212-9319310 - Email: webmaster(at)van-Laack.de
Web: www.vanLaack-Buch.de - www.Nahtoderfahrung.info

Vertrieb ausschließlich durch: BoD, Books-on-Demand www.bod.de
In de Tarpen 42, 22848 Norderstedt, Fax +49(0)40-534335-84, info(at)bod.de,

Walter van Laack

Lectures & Insights

Call for Reflection: Corona and New Wars – How can Mankind survive?

Author

Prof. Dr. med. Walter van Laack
Specialist for Orthopaedics & Orthopaedic Surgery, Physiotherapy, Sports Medicine, Chiropractic and Acupuncture, University Professor, Author, Publisher

Cover

Designed by my son Martin van Laack, M.A.
Master of Science in Architecture (RWTH-Aachen)

Translation

Translated by Anneliese Wolstenholme, D-Roetgen

van Laack Book-Publishers, D- Aachen
www.vanLaack-Book.eu - www.van-Laack.de
www.Nahtoderfahrung.info

Print & Distribution by Books-on-Demand (BoD)
D- 22828 Norderstedt
info@bod.de - www.bod.de

ISBN 978-3-936624-56-4

Call for Reflection:
Corona and New Wars
How can Mankind survive?

The first word of my book's title allows several interpretations – the word "wars", however, is unambiguous. Therefore, some further remarks on "Corona" in advance.
Have I already fallen prey to the Corona panic which is ubiquitous in our country, and do I already constantly dream of the Greek letters which usually indicate virus-variations?
Are we then dealing with a viral disease which is far more worse than smallpox or the plague of previous centuries, which seemed capable of wiping out large parts of humanity or even extinguishing mankind completely? Is Sars-CoV-2 a killer virus?

To come to the point right away: no, it is not.
This interpretation would be incorrect. People who know me and know that I have been working as a physician for over 40 years now and for almost 40 years as a specialist, at all times as a practitioner, and that I keep doing so to a lesser extent even today in my retirement, would without any doubt agree with me.

No, it is something else that seems to threaten mankind so massively, whether it be corona or wars: It is entirely mankind itself!

A short "Corona portrait" in advance

While during the last few decades it seemed that classical weapons would be necessary to achieve this – a fact which we had all already hoped to forget in our part of the world – although unfortunately

conventional wars still take place– psychology has taken over in modern times.

Scaremongering has always been around – for example, during the harrowing time of the "Third Reich" – sufficiently to manipulate the German people and to manoeuvre them into the desired direction. Today, it is a virus, which may even have been created or at least manipulated in a laboratory using genetic engineering in the course of so-called "gain-of-function" research and which effects a change of functions.

Thus, to many it now seems even very likely that humans themselves created the malignant virus, which causes the Covid-19 disease, from a formerly harmless virus which causes a common cold.[1] And this does not even seem to be a conspiracy theory.

Nevertheless, and despite all the tragedy related to it worldwide since Spring 2020, Sars-CoV-2 is not a "killer virus" in any of its currently known forms which have been adorned with Greek letters (e.g. Alpha, Delta or Omicron).

The World Health Organization (WHO) reports a mean mortality rate of 0.15%, based on a broad, meanwhile scientifically verified and confirmed peer review study carried out by Prof. Dr John P.A. Ioannidis, at present regarded as one of the world's most renowned epidemiologist. According to the German Robert Koch Institute (RKI), this is about the same as the mortality rate due to the virus which causes a moderately severe seasonal influenza.

As I already mentioned, obviously, Covid-19 is certainly not a kind of influenza, however, morbidity and mortality rates seem to be fairly comparable. And yet, ever since the outbreak started, some countries, especially Germany and Austria, have repeatedly been in an exceptional state of emergency.

---

[1] Among others: Prof. Dr. Roland Wiesendanger, Hamburg, physicist, nano-scientist, see also World-News, 09.02.2022: https://www.youtube.com/watch?v=O9GaFuyoYoE
In a press release it says: "A research group at the virological institute in the city of Wuhan has tampered with genetic modifications of corona viruses for many years with the objective of making them more contagious, more dangerous and more lethal for humans. This has been supported by many publications in scientific literature."

Obviously, it is not without reason that the typical "German angst" is an established term in English speaking countries. . In many cases, this might have been justified by the fear that the capacities of hospitals and nursing staff could now become extremely overwhelmed. But hospital capacities as well as nursing staff have been drastically reduced by politicians even during these difficult times. And shortages may in fact even have occurred in certain localised cases, but, this was never the case nationwide as can be verified.

It has long since been proven that the intensive care units (ICU) throughout Germany have never reached their limits because of Corona.

In many cases repeated lockdowns brought social life to a standstill existentially threatening entire economic sectors. Probably they will continue to do so for a long time to come, frequently based merely on inaccurate figures and calculations.

Even today, people still act in accordance with the 7-day incidence figures which are a purely political invention.

Currently, this becomes obvious when we consider that, before the federal elections took place in Germany in 2021, it was fiercely debated whether 7-day incidences of 100, 50 or even 30 must be achieved before citizens could be given back their basic rights (!) which were taken away from them simply by decree from above.

In February 2022, on the other hand, regulations were slowly lifted in Austria and here as well, especially since other countries had long since set examples.

Currently, however, the 7-day incidences are far in excess of the 1,000 level. This just indicates that these numbers are of minor significance since they are only to a small extent, or not at all, linked to evidence-based medical science. In general, positive test results are merely substantiated by the detection of virus fragments and not, as always publicly declared, by real cases of infections.

And what else could be said with regard to the tests, whether antigen or a PCR, would fill volumes, but that is not the subject here.

What conclusions come to mind initially with regard to Corona?

1) There are some indications that, in the end, only a few people will benefit from the crisis, but that the majority of people can hardly defend themselves against the imposed harming measures after a certain point in time.

2) There are some indications that only a few, indeed far too few people unfortunately, effectively oppose this development which in its entirety is possibly very dangerous and not caused by the virus. Some people might not recognise this situation and may not even believe it to be possible.

3) There are some indications that many people are prepared to commit evil acts towards others because, being influenced by the zeitgeist, a purely naturalistic point of view, they believe that their death is the end of their existence anyway, and they think "after me the deluge":
That is why people on this planet try to get the best out of everything NOW mainly FOR THEMSELVES and for their nearest and dearest. Unfortunately, a humanistic approach according to Immanuel Kant's "categorical imperative" does not really help here. It is just like it was for many at school: without some pressure students do not put enough effort into learning especially not in a timely manner. Exams are, therefore, useful. But where should the pressure come from in this case?

4) Due to the inevitability of death, some people look for a solution, I believe, by which they may be able to circumvent death, so to speak.
For them their entire personality is just a product of the brain anyway and thus it is thus physically coupled with the brain in some form or other. When the brain dies the individuum dies with it, definitely and terminally.

Consequently, it should be possible to find alternative options of storage and usage for the entire contents of the brain.
Research on such options has already been in progress for a long time and it is believed that we will soon be in a position to be propelled onto a completely new and, in the best case, even permanent "level of BEING" by means of a suitable, technical connection between humans and machines, i.e. artificial intelligence:
This research pursues the idea of "transhumanism" and is based primarily on suggestions made by the founder of the World Economic Forum (WEF), the billionaire Klaus M. Schwab[2], who now lives in Switzerland.
In this context, I refer to his book "Covid-19: The Great Reset" which was published in English at the beginning of 2020.
If you study Schwab's explanations carefully, as I have done, you will find that the message is to see the Corona crisis as a unique opportunity for a complete social upheaval.
One particular sentence from this book has long been on everyone's lips: it says that in the year 2030 people will no longer own anything and yet everyone will be happy.

As a result of the rapidly increasing digitalisation the average citizen will become more and more transparent and thus be controllable anywhere and everywhere at every step and turn by authorities.
A kind of "fusion of human and machine" is expected to facilitate this, for example, by implantable or injectable tiny chips which could even be "stamped" onto the skin. In fact, in a recent talk show on television I already saw someone wearing several chips like that.
Microtechnology is now followed by nanotechnology[3].
The biological human being will thus be permanently – and ultimately irreversibly – connected to the outside world of computers.

---

[2] Klaus Schwab, born 1938 in Ravensburg, German-Swiss economist
[3] One micrometre is a millionth of a meter, one nanometre is a billionth of a metre.

Of course, there would also be advantages. For example, elderly or helpless people could receive help more quickly in a case of emergency. Many people would like the idea not to have to carry all kinds of documents with them; for example, they could be registered instantaneously at airports or even at borders. The same would also apply to vaccination documents, for example...

But, how would they feel if constraints were imposed by this technology, which might render travelling rather awkward if restricted and controllable everywhere,, no matter whether it were sensible or just the result of a new public slavery?
Where there is light, there is also shadow.

In this context, people always like to point out the positive sides, which certainly exist, of course.
However, I have long been convinced that the negative sides will be predominant at least in the long term if they are not detected in due time and simultaneously eradicated or at least effectively controlled. But is this really wanted by some governments?

This is my answer to all human fantasies of omnipotence, regardless of whether whipped up in the wake of Corona or by wars

I am certain: mankind as a whole finds itself in greatest danger.
It can perhaps only survive if it recognises that a paradigm shift is mandatory and long overdue; our current view of the world is simply no longer tenable, even if many scientists continue to adhere to it, applauded by mostly ignorant media which usually just copy each other.
Many so-called experts are obviously as inept and inadequate as those we experienced during the Corona crisis, or incompetent when confronted with recently emerging armed conflicts in the world.

The most important prerequisite for a widespread and preferably worldwide acceptance of such a paradigm shift is, of course:
It must be based on firm foundations.

Such foundations can only be provided by scientifically substantiated findings and not solely by the countless experiences and narratives of even large numbers of people:
Our death is not our end, and our personality lives on!

Only such a "spiritual paradigm shift" can lead to success.
Therefore, it is the purely "spiritual paradigm shift" that is at issue here:
However, this means: Our way of thinking must finally *reject the notion that matter* is the basis of everything in this world and must *turn towards information* as being the actual background and the real basis of everything.
Ever since the 1990s, I have consistently been pursuing this paradigm shift and have long since published numerous books[4].

The German physicist *Hans-Peter Dürr (1929-2014)*[5], whom I hold in high esteem, repeatedly called for the *"necessity to change paradigms"*.
To illustrate this, Dürr said in one of his inspiring lectures, that we should image the world as a gateau consisting of different layers.
Dürr then elaborates: *"This gateau, it is the world. And now we must describe it: what is the world? It depends on whether I am a baker or someone who eats the gateau. A baker says, it is quite simple, a layered gateau consists of several layers of different materials, such as a layer of dough and another with nuts and then a layer of fruit and so on. But the person who eats the gateau says*

---

[4] See the updated list of my books at the end of this conference transcript.

[5] Professor Dürr and I were invited for a joint workshop on this subject in Kleve, Germany, in February 2014. Unfortunately, he was taken ill shortly before, he had to cancel by telephone and finally died on 18th May 2014, so that to my greatest regret this workshop had to be cancelled.

that is not true at all, because he cuts a slice out of the cake and says that this piece already has a structure. And now the two are arguing. Who is right? These are the disputes we (in science) have to face all the time. If these opponents would now just wait until they put the whole thing back together, then they would realise that they have the same gateau again. It depends on the motive behind it: what is considered to be there first, i.e. to be the basis, and what is the derivative. So, these are two different paradigms, both successful if taken to their logical conclusion. But there is a certain difficulty: Is it really true that, if we put everything back together again, we have the very same gateau? Not exactly true! When I take the dough, it sticks together, the pieces of gateau, on the other hand, keep falling apart. So, I must attach some sticky tape between the pieces for the two results to resemble each other. Well, but if I now ask, whether the new physics is merely a third way of cutting the gateau, the answer is: No.

The answer is more or less:
there is no gateau at all!

To put it bluntly, Dürr says nothing other than that matter, as we think we know and feel it, is pure illusion.
For a better understanding of the entire scientific path I followed to gain this crucial insight I would recommend here again to refer to the numerous books I have published since the end of the 1990s.
Here, I would just like to briefly address the following question:

What is it that seems indeed to be expected when and how?

The illustration below gives a rather good initial overview which I will subsequently discuss in detail.

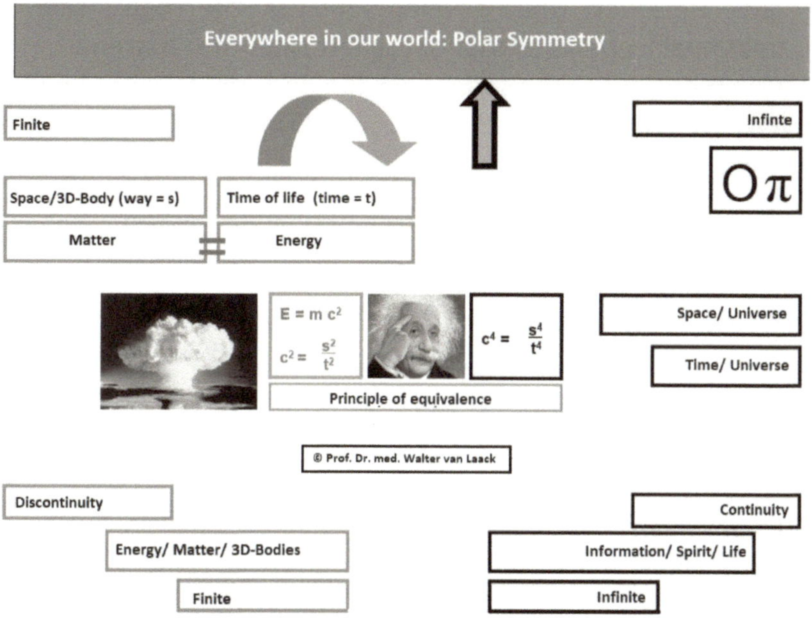

Polar symmetry everywhere, further explanations below

The illustration above and its context is taken – somewhat modified – from my last Book "GREATER THAN THE ENTIRE UNIVERSE", English edition published in 2022:
Quite obviously, there are two polar-symmetrical, i.e. mirror-inverted and simultaneously oppositional levels of existence in this world which are indeed real. They represent two sides of the same coin.
The Chinese philosopher Lao-tse had already described them 2500 years ago. They have also long been known in our part of the world

as Yin und Yang. However, the two sides should not be seen as separate from each other, they rather influence each other.
In a figurative sense, verifiable by elementary mathematical logic, they correspond to the "informational" side of our world on the right of the illustration and to the "material" side of our world on the left. However, the development of the right side, the "informational", precedes that of the left side, the "material".
In the simplest and at the same time the earliest interrelationship, it supplies the "informational basic conditions" for anything and everything in the entire universe.

Both sides go through their own evolution, each for itself and yet interconnected and interdependent, just like Yin and Yang demonstrate, easy to understand and unbelievably beautiful, I think.
Then, over immense periods of time, the development of the first and stronger one of these evolutions, the "informational" one, becomes more and more distinct, dominant and faster. Thus it diverges more and more from the material evolution.
On the other hand, the second and weaker one, which is the material, physical one, is based on the first, the informational one, and very gradually fades into the background.

In any case, everything physical, everything material seems to be ultimately merely a means to an end, irrespective of its "consistency": In the long run, it continues to serve first and foremost the evolution of the informational or, in other words, the evolution of everything spiritual.
In our "current world" or as I like to call it, in the "Here and Now", the "physical part" of the world is still very dominant.
Informational content becomes apparent only when it is actively approached by someone's personal spirit – or, *according to Kant, by reason.*

Then the factual real existence of infinity quickly becomes recognisable. However, infinity does not exist in physics (see below).
Therefore, an infinite universe cannot exist either.
But *Albert Einstein*[6] claimed that the universal space is infinite and now most physicists today consider this to be a fact – as I do myself, by the way.

Each and everyone of us takes it for granted that our lives proceed *continuously* and that time passes *continuously* for us.
But neither can be a manifestation of the physical or material world, since that is the world of the *discontinuous, due to the fact that it is entirely quantised,* as Max Planck proved at the beginning of the 20th century[7].

Physics knows the *equivalence principle* described by Albert Einstein: Matter consists of energy. They are two sides of the same coin and thus "equivalent". This means they can be transformed into each other – theoretically in both directions.
Unfortunately, the atomic bomb has demonstrated that an immense amount of energy can be created from a very small amount of matter. Almost everyone today has heard of Einstein's famous equation $E=mc^2$. But here the *mass "m"* means the "rest mass", for example, of atoms.

However, does it exist in practice? No, it does not.
In practice, everything in the universe is always dynamic, as are all the particles within it – and thus also the atoms.

---

[6] Albert Einstein (1879-1955), famous German physicist and Nobel Prize winner
[7] Max Planck (1858-1947), German physicist and Nobel Prize winner.
The perception that everything in physics is based on "particles (quanta)" leads to a dilemma": Many explanations of actual observations in the world, which are clearly continuous, made it necessary to invent a particle-wave dualism. Only in this way continuity could be (re)integrated into physics.

For dynamic processes, the Einstein equation must also be "dynamised". In mathematics, this means that it must be squared.
This creates a new equation, which is also found in the illustration above, it is written to the right of the known one on the left.
However, the smallest "particles" such as the quanta of electromagnetic radiation, for example of light, the photons themselves are entirely without mass (massless).
Thus, they become *interfaces* between the two real worlds of "matter" and "information", which I showed here.

Based on the equivalence principle it was expected, of course, that matter could theoretically also be "created" by means of completely massless "particles". However, this was never confirmed in practice – until 2021: Only then was it possible for scientists in California to prove the reversal of this equivalence principle in practice, i.e. experimentally. They created "real matter" out of massless particles, which in principle constitute really existing information, by mutual bombardments.
What does it say in the Gospel of John (1.1): "In the beginning was the word". The Greek word for it is "logos". And "logos" simply means "information" – but also "reason".
Thus, "logos" stands for an already well-advanced, progressively developing section of the spirit.

In the equation on the right-hand side of the illustration, depicting the dynamic universe, the *speed of light "c"* is now raised to the fourth power.
Of course, "c" is a physical constant. But this is not the issue here.
Of interest here are only the physical "components" of velocity: It is physically defined as "distance divided by time", whereby distance is a spatial coordinate. Both "space" and "time" are, therefore, raised to the fourth power.
This indicates unequivocally that our current concept of a four-dimensionality as a "four-dimensional space-time" must be wrong.

Although Einstein's equation is correct, some interpretations based on it are thus obviously incorrect.
Peter Plichta[8] already propounded a *real existing four-dimensional space* in the 1990s which he envisaged as two interlocking, infinite planes. I gratefully took up his suggestion in my first two books published in 1999. Even then I was the very *first* to develop a logical thought model which permits an alternative view of the world. Especially by means of several new mathematical approaches it became possible for the first time to explain completely all known scientific observations in a new and coherent manner, both those of physical and non-physical nature.
Ever since, I have outlined these ideas repeatedly in numerous books and I have explained them from different perspectives, continuously broadening and deepening them further.

Elementary mathematical principles offer coherent analogies for the emergence of everything in our world and are probably pointing the way for all further developments.
If we assume, as I think justifiably, that such elementary mathematical principles themselves do indeed exist in reality and provide the basic parameters for the whole universe due to their being part of the real informational world, then I am probably right.

The concept of a *real 4D space* would therefore correspond exactly with what we actually see, regardless of where and how far we look in the universe: Everywhere, cosmic space is flat and level or, as we also label it, planar or Euclidian[9], i.e. probably not curved.
The notion that smallest but massless particles – such as the photons of light – can nevertheless be "bent" by strong gravitational forces emitted by large objects such as the Sun, is not due to a supposedly curved space. It is rather simply based on the

---

[8] Peter Plichta (born in 1939) is a German chemist and natural scientist
[9] According to Euclid of Alexandria, Greek mathematician, who probably lived in the 3rd century B.C.

fact that *gravitation*[10] *and light are two polar-symmetrical effects influencing each other,* but not on an assumed curvature of space.
The phenomenon does indeed exist, but the common interpretation of it seems to be incorrect once again. At this point, I refer again to more detailed explanations in my previous books.

What are the direct implications for us humans?

The illustration above shows unequivocally that one side of "the whole" always develops *cyclically* and the other in a *linear* manner.

Cyclical processes are typical for everything material in this world, thus for anything and everything in the "physical world".
We notice this every day, regardless of whether it concerns living or non-living *physical* manifestations. The entire physical world thus strives toward an increasingly greater disorder. Physicists state that this "entropy", this degree of disorder, grows inexorably.

In contrast, however, there exists – apparently just as real – a completely different side: It is the side of the "informational".
It progresses under mutual exchange and with the support of the physical side, for a long period of time, initially parallel to the physical evolution.
Only very gradually does it start to disconnect itself from the physical side and accelerate its own independent evolution.
Its own evolution – in an abstract and general term, the evolution of the "informational" – or in a more succinct and philosophical term, the evolution of the "spiritual", does not proceed in a *cyclical but in a linear manner* and it leads to ever greater and higher order.

In the course of this evolution, all continuous entities and properties develop: Thus "life" begins at some point, later "spirit"

---

[10] Gravitation is the acting force between any two bodies with masses in the universe.

emerges, which becomes ever more complex during further evolution – and in the long term it leads to “consciousness” and “self-awareness” as some new system properties..

I am talking here – quite deliberately in an abstract manner – of "information clusters". Thus, life itself is already something spiritual and not a product of matter, which sooner or later runs "under its own steam" as some evolution theorists would have us believe, a theory which is constantly picked up eagerly by the major media.
Life is the “power of spirit”, just as what we call energy is the “power of matter”. And as well as matter is based upon energy as its fundamental component, spirit is based on life.

Even on this side of the world "intelligence", "consciousness" and much later "self-awareness" emerge gradually, albeit with the support of the physical side and embedded in physical matter in a physical environment. They are all new "complex clusters" or "components" of a linear evolution which keeps striving for higher levels and is thus consistently aiming "upwards", the evolution of everything informational or spiritual.

Let us now contemplate the life of single human beings:
From a physical perspective, they are conceived at some point in time, they grow as embryos and are born after nine months.
By then, they have already covered a major part of a long physical process: They are fully developed, they possess everything they need as human beings. Although many features continue to develop further, there are only few important features added. Then they proceed from baby to toddler and then through puberty up to the "completion as an adult".

However, between the 25th and – at the very latest – the 30th year of life everything starts to go into reverse – now clearly recognisable. The visible degradation of everything "physical" starts

very slowly at first, picking up speed later. The varnish peels off rapidly from all human beings.
The cyclic course of all physical matter soon becomes relentlessly visible (the decaying process already started, of course, at the very beginning despite all further growth, that prevailed for long time).
Human beings thus strive towards their "end".
This end of our "life here on earth", which is necessary from a physical point of view, we then call death.

But does the human being really die with it, the actual being, the personality? Most certainly not!
There is a counterpart to the development of all of us – and it proceeds just as consistently:
The *informational* within us increases steadily.

Everything *"informational",* however, takes a straight, i.e. a *linear* course continuously striving upwards.
Whereas our bodies inevitably strive towards our "death", the information grows steadily with us and within us.
Thus, we have all reached the maximum of our information content by the day we die. This becomes indeed clearly recognisable for all fellow human beings on the day of the individual's death, unless some disease of the brain, a physical ailment like dementia, impedes the spiritual communication.

The "information cluster human being", our ultimate "ego", our entire "personality", has reached the zenith of our (former) existence at the time of our death.
This leads necessarily to the question as to whether and how something that has kept growing and proliferating up until the day of our physical death, could keep on existing even when our body – and thus our brain – decays after this death?
What happens then to our "informational core", our ultimate "personality" or our constantly "maturing soul"?

Many people claim now that everything dies, of course. This seems to me an unintelligent idea without rhyme or reason.

Again, we must distinguish between the physical and the informational side of this world. The illustration above can again assist here, since both sides are always mutually polar-symmetrical, in all areas and on all levels.

The "power" of the physical is what we call energy.
Everything physical consists of particles and disintegrates into particles again.
Particles are discontinuous and there is no connection between them on a physical level. However, since this connection seems to exist, it must be of informational nature. Physical particles are like single grains of sand in a huge pile of sand.
Continuity, on the other hand, is a property of the other, the spiritual but not of the physical side of our world.

In the physical world everything consists of such building blocks which sooner or later disintegrate again into particles. Thus, something new can develop.
Matter is the building material of the world.
But by means of these building blocks "information" is also recomposed, since they themselves are part of every building block. However, once information is assembled it cannot be separated again, as little as you can single out drops in the ocean. Two pieces of information joint together are the smallest "information cluster".

Continuity develops due to connections between bits of information.
Information clusters continue to grow and new bits are added constantly. Nevertheless, they may suddenly behave in a different way when they have acquired new complexities. Completely new and higher developed abilities and system properties emerge.

They climb up to a new level of their existence. In biochemistry this phenomenon became known as "dissipative structures" a long time ago and was awarded with a Nobel Prize in 1977[11].

Extrapolated to the gigantic evolution of the informational, "life" und "spirit", "consciousness" and "self-awareness" eventually develop.
The informational will never disintegrate into particles because it does not consist of particles. Information clusters remain intact eternally. They can certainly rearrange and merge with others to form even bigger complexes. Thus, new and possibly even higher levels can develop with abilities, skills and new system properties that are still unknown to us.

Back to our life in the "Here and Now":
At the time of our death, we have reached the zenith from the informational point of view. Our death, which is imperative from a physical point of view, does not affect our personality which has grown up until then. It is equivalent to a progressively developed information cluster. It remains intact beyond our death without any cutbacks and compromises.
People going through a near-death experience often perceive themselves as a completely intact person, even when they are looking upon their own "dead body". This is immensely confusing. However, the actual personality "creates" a kind of "new body" for itself by means of the inherent information within its previous body. In esoteric terms we talk of an ethereal body in such cases. I find this expression exceptionally apt.

So, if information, all the "informational" in this world, is just as *"real existent"* as all human bodies, all the planets or suns in the entire universe, just like all kinds of "matter", then everything

[11] Ilya Prigogine (1917-2003), Russian-Belgian physico-chemist and philosopher

physical is also contained in some kind of information cluster after their respective end.
As I have repeatedly shown and explained in my numerous books, we must probably go one important step further:
The "informational" – or all information per se – seems to be the "actual reality behind the reality of everything physical".
It follows that death can by no means be our end.
It is merely the end of a physicality which we can perceive sensually in the "Here and Now".
Our actual "Ego" – we speak of "our entire personality" – goes on living and from the viewpoint of the "deceased" without any break.

What are the consequences for us?

First of all, I have to clarify, especially in the context of the title of my article, that this realisation has almost dramatic consequences for each single individual on this earth and probably also for innumerable other spiritually developed forms of life in the entire universe.
And, as I have already said, this NEVER applies to the collective, but always only for each single one of us and exclusively just for us ourselves.
NONE OF US can ever elude these consequences which arise from our survival death – never ever!
This should give us all a jolt, because our death, regardless of how old we are in the "Here and Now" today, might only be a heartbeat away.

And thereafter, in a parallel level of existence, where further development is less and less focused on the physical side, it is a completely different ballgame.
Therefore, we must all acquire true knowledge in the "Here and Now". Although scales will fall from our eyes after our death, a turnaround and corrective behaviour will be incomparably more

difficult, although not entirely impossible, especially since, due to our lack of understanding and our reluctance to repent, our "negative account" may by then have taken a turn for the worse.

Each one of us should take note of the following:

1) Each and everyone of us can use his or her "free will", unimpeded then by narrow physical laws of nature which are in force here.

2) ALL INDIVIDUALS carry their OWN RESPONSIBILITY FOR EVERYTHING they have done so far and will do in future.
NOTHING can offload or shift the responsibility on to others.
The personal responsibility of every INDIVIDUAL must be guided by only two principles, the ultimate two "Golden Rules" of ethics:

2.1) You shall love your neighbour as yourself (i.e. both your neighbour and yourself) – according to Jesus (Mark 12:28-34).

2.2) Do unto others as you would have others do unto you.
This corresponds exactly to what is termed the "categorical imperative" according to Immanuel Kant[12]. In the 1780s it was for Kant the result of decades of his research involving religions and early natural sciences, then termed empiricism.
According to Kant it was an individual decision based on individual reason, which could never ever be explained either by religions or by natural sciences[13].

Since ALL SINGLE INDIVIDUALS, not a collective, are responsible for THEMSELVES, it is not possible to atone by repentance, thereby offloading one's own guilt onto others (e.g. onto "Jesus who died for mankind"), as, for example, the Catholic church has taught

---

[12] Immanuel Kant (1724-1804), German philosopher of the Enlightenment

[13] Unfortunately, this has been completely misjudged by social politicians. Thus, ultimately entire societies have been drawn into catastrophes.

believers for many centuries, probably mainly for financial reasons. To repent is certainly the right thing to do, but the fact remains that we must then all bear the consequences ourselves.

"Turn back and repent":
This is precisely what we should all take to heart, the sooner the better, and especially while we are (still) living in the "Here and Now".
Numerous testimonies, including those of people with complex near-death experiences, repeatedly advise us to do so.
Many people change their lives permanently not least due to having had such experiences.
Something similar is described in literature. Very interesting and in many aspects enlightening insights can also be found in the book of the dutch *Jozef Rulof: "A View into the Hereafter" (1939)*[14] which has 1,000 pages in three volumes. Many basic presumptions, which I have proved and supported scientifically in my books, seem to be generally verified there by pure experiences. Of course, in some instances, various experiences, events and preconceptions in this narrative approach merge with others, based on provenance, religion and education, of course.

To begin with, we all, EACH AND EVERYONE OF US, should recognise our own personal guilt (show comprehension) and should sincerely repent towards ourselves (since anything but sincerity will be disclosed as hypocrisy on the spiritual level).
After having shown sincere repentance we all, EACH AND EVERYONE OF US, must seek forgiveness from EVERY SINGLE PERSON to whom we caused damage – this will now become difficult and problematic for those who have caused damage to others and have not been prepared to seek humble forgiveness for it in the "Here and Now".

---

[14] Jozef Rulof (1898-1952), Dutch medium and author

Understandably, the opportunity to do this is still much greater in the "Here and Now". Thereafter, it will become ever more difficult and certainly more tedious. Jozef Rulof writes in his book for example: *"There are people on earth who believe that the countless beings that populate this planet ought to be cruelly destroyed."* He already wrote previously: *"(after their so-called death) ...for thousands of years they live in the dark spheres to pay the penalty for the sins they committed within a short earthly life. Isn't it atrocious?"*

However, this kind of "hell" is not a place but rather a personal condition. People there have a "worse aura" that separates them from those with a "better aura".

Only we ourselves can improve our aura. A fitting *analogy* for this might be the difference in frequencies. A better aura would then correlate with a "higher frequency". Beings with a "lower frequency" thus remain "among their own kind" and are even unable to recognise spheres of "higher frequency".

This is exactly what is meant when the Bible tells us:

"If anyone slaps you on the right cheek, turn and offer him the other also" (Matthew 5:39). However, this is usually completely misinterpreted.

Most people have always been right-handed. If in those days they were intent on deeply humiliating someone, they would strike the other person on the right cheek with the back of their right hand. If they were to seek forgiveness later, they would have to slightly pat or caress their opponent's left cheek with their right palm.

This requires, however, that the humiliated person would have to turn the left cheek to the aggressor. Even if the injured person may resist to do so for a long time, sooner or later he or she will (have to) do it, since ultimately BOTH want (and must) grow spiritually.

But it will always be decided on an individual basis, just as it says "eye for an eye and tooth for a tooth", another Bible verse, also often misunderstood and mentioned in the same context.

Individually forgive and ask for forgiveness: These are the ultimate true meanings of these messages which are still completely misunderstood by most people today.
The principal objective of a highly developed spiritual personality, which goes on to live beyond its own – merely physical – death, is to continue growing spiritually. To achieve this, we all have an immensely long way to go and by far the longest part of this way starts with our own so-called death. This applies to everyone who has ever been born into this world.

Everyone can imagine now that our chances to improve our own spiritual evolution, or even to lead our spiritual evolution along a new and better path, are significantly higher if we decide to repent in the "Here and Now" and not after our merely physical death on Earth.

In my opinion this perspective even provides the ONLY WAY to save mankind on this earth from its destruction which otherwise seems unfortunately to be approaching soon.
This can ONLY happen if we acquire knowledge and are then prepared to turn around.

Never before has mankind been in a similar position to that we are in today, which enables us to destroy ourselves at least to a large extent – and especially the last two years seem to confirm this.

Yet, the hope for change seems to be in vain.
Unfortunately, numerous influential, often very wealthy people, but also contemporaries of narcissistic nature, falling prey to the eroticism of power, be they male or female, seem to have other things in mind – primarily concerning with their sole advantages.
All these self-appointed elites are themselves only a heartbeat away from their physical death.

And without exception they all will (have to) go along the same path of development. Then, however, to all of them will apply the words of Jesus as written in the Bible:
The (now presumably) first shall (then in the long run) be the last (Matthew 20:16).
What remains in the final instance is, above all, to point out that the further spiritual development, which is imperative for each individual and which lies ahead of us and goes beyond our death in the "Here and Now", is eternal.

The most important aspect, for which all individuals carry their own personal responsibility, since they all have – in spiritual terms – a completely free will, is to recognise that the actual and fundamental power of the world, which creates everything without exception, encompasses everything and permeates everything, is: "Divine Love".

The most important task of our "long life" is, therefore:

LEARN TO LOVE

Books by Prof. Dr. Walter van Laack currently available in English:

1. Novel:

Our Key To Eternity
ISBN 978-3-936624-18-2 (SC), 308 p. (2016)
ISBN 978-3-936624-31-1, E-Book (2016)

2. Non-fiction Books

GREATER THAN THE ENTIRE UNIVERSE
ISBN 978-3-936624-52-6, (SC) 120 p. (2022)
ISBN 978-3-936624-54-0, E-Book (2022)

Non-Fiction-Book-Series: “Keystones Of Our World”
Vol 1: The Whole World Is Information
ISBN 978-3-936624-33-5 (SC), 68 p. (2016)
ISBN 978-3-936624-34-2, E-Book (2016)

To Perceive The World With Logic
ISBN 978-3-936624-08-3, Softcover (SC), 340 p. (2007)
ISBN 978-3-936624-09-0, E-Book (2008)

Nobody Ever Dies!
ISBN 978-3-936624-03-8, (SC), 272 p. (2005)
ISBN 978-3-936624-22-9, E-Book (2013)
A Better History of Our World
Vol. 1, "The Universe"
ISBN 978-3-8311-1490-0, (SC), 188 p. (2001)
Vol. 2, "Life"
ISBN 978-3-8311-2597-5, (SC), 236 p. (2002)
Vol. 3, "Death"
ISBN 978-3-936624-01-4, (SC), 276 p. (2003)
Key To Eternity
ISBN 978-3-8311-0344-7, (SC), 256 p. (2000)

3. "Lectures & Insights – Vorträge & Einsichten"

Call for reflection:
Corona and new wars – How can Mankind survive?
& Aufruf zum Nachdenken:
Corona und neue Kriege – Wie kann die Menschheit überleben?
("Upside-Down-Book", English & German in one book)
ISBN 978-3-36624-56-4, Paperback (SC), English & German, 56 p. (2022)

World views yesterday and today – What will remain and what will be laughed at tomorrow?"
ISBN 978-3-936624-47-2. Paperback (SC), 56 p. (2020)

Dying and Death from a Scientific Point of View
& Sterben und Tod aus wissenschaftlicher Sicht
("Upside-Down-Book", English & German in one book)
ISBN 978-3-36624-41-0, Paperback (SC), English & German, 44 p. (2018)
ISBN 978-3-936624-42-7, E-Book (2018)

van Laack GmbH, Aachen, Germany, Publishing House
(HRB-Aachen 5584)
CEO: Prof. Dr. Walter van Laack
Shareholders:
Dr.-Ing. Dipl.-Wirt.-Ing. Alexander van Laack,
Martin van Laack, M.Sc.,
Prof. Dr. med. Walter van Laack

Roermonder Str. 312, D-52072 Aachen, Germany
Fax: +49(0)3212-9319310 - Email: webmaster@van-Laack.de
Web: www.vanLaack-Buch.de - www.Nahtoderfahrung.info

Sales exclusively by: BoD, Books-on-Demand
In de Tarpen 42, D-22848 Norderstedt, Germany Fax +49(0)40-534335-84,
Email: info@bod.de - Web: www.bod.de